NOTRE-DAME

DE LA TREILLE

NOTRE-DAME

DE LA TREILLE

EXTRAIT

de l'ouvrage NOTRE-DAME DE FRANCE

par M. Hamon, curé de St-Sulpice.

LILLE

L. LEFORT, IMPRIMEUR - LIBRAIRE

MDCCCLXII

NOTRE-DAME

DE LA TREILLE

———

NOTRE-DAME DE LA TREILLE fut le plus célèbre sanctuaire de la sainte Vierge à Lille ; il était situé autrefois dans l'église Saint-Pierre. La statue qu'on honore sous ce titre est environnée d'une treille de fer où les pèlerins attachaient leurs dons ; elle est de pierre blanche, artistement taillée, dit le P. Vincart, qui en a écrit l'histoire ; sa pose est celle d'une reine assise sur son trône ; elle tient au bras gauche l'Enfant Jésus et dans la main droite un sceptre.

Le culte rendu à cette image est aussi ancien que la ville de Lille ; il est comme enraciné dans les bases de la cité, qui s'appelle avec orgueil

la cité de Marie, *Insula civitas Virginis*. Il
remonte donc au moins à l'année 1066. Alors
Baudoin V, comte de Flandre, fit trois grandes
choses : il fonda la ville de Lille, qui, jusqu'à
lui, n'était qu'un assemblage de maisons autour
du château, sans murs de défense ; il bâtit
l'église Saint-Pierre, et y installa une collégiale
qu'il composa des ecclésiastiques les plus émi-
nents par la sainteté, les sciences, la naissance,
et qui fut comme un séminaire d'évêques ; enfin
il y plaça l'image de Notre-Dame de la Treille,
et en fit célébrer la dédicace, en présence de
tout ce que le clergé avait de plus vénérable,
la chevalerie de plus brillant, la Flandre de plus
illustre.

Les chanoines remplirent parfaitement leur
mission ; ils honorèrent Notre-Dame de la
Treille par une piété exemplaire, autant que
par un zèle incomparable pour la magnificence
de son autel et la splendeur de ses fêtes. Les
uns la constituaient par testament leur héri-
tière universelle ; les autres y faisaient des fon-
dations propres à relever la gloire de son
culte ; et lorsque, en 1214, Philippe-Auguste,

vainqueur à Bouvines, eut réduit Lille en
cendres, le chapitre, malgré les calamités dont
il était une des premières victimes, entreprit la
reconstruction de Saint - Pierre. Lorsque, en
1344, un autre incendie vint détruire les cons-
tructions commencées, le chapitre, sans se
laisser décourager, se remit à l'œuvre; il la
poursuivit avec constance pendant un siècle que
demanda l'achèvement de l'édifice.

Ce dévouement du chapitre à Notre - Dame
de la Treille y attira d'illustres visiteurs.
Saint Thomas de Cantorbéry vint la prier aux
jours de son exil; saint Bernard, qui accom-
pagnait Innocent III, réfugié en France, vint
la saluer avec cette piété filiale qui est un
de ses plus beaux caractères, et nul doute
que sa parole si puissante, si sympathique,
n'ait allumé alors dans le cœur des Lillois ce
tendre amour pour la sainte Vierge, qui a toujours été une de leurs plus belles gloires religieuses.

Aussi, en 1254, époque fameuse dans l'histoire
de Notre-Dame de la Treille, Marie fit éclater
sa puissance et sa bonté envers un peuple qui

lui montrait tant de dévouement. Le 2 juin, octave de la Trinité, une affluence extrême de pèlerins entourait la sainte image, demandant la guérison de maux réputés incurables, lorsque tout à coup aveugles, boiteux, sourds, paralytiques, tous sont guéris en un instant. Aussitôt les cris d'allégresse éclatent de toutes parts, les louanges de Marie se répètent sur tous les points de la ville, et on les célèbre par une fête dite *de la festivité nouvelle.* Ce ne fut là cependant encore que le commencement ; les prodiges se continuèrent presque tous les jours ; et une puissance mystérieuse sembla, à dater de cette époque, attachée à la sainte image. Cette puissance, qui s'est conservée à travers le cours des siècles, a pour garantie les preuves les plus irrécusables. L'évêque de Tournai, après une enquête faite selon les règles de l'Eglise, si sévère et si judicieuse en pareille matière, constata cinquante-trois miracles ; Walerand Crudemaire, chanoine de Saint-Pierre, rédigea, sur ces faits surnaturels, des *Mémoires* qu'approuva, en 1617, l'autorité ecclésiastique. Le P. Buzelin, dans ses *Annales;* le P. l'Hermite, dans son *Histoire des* saints de la province de Lille; le P. Vincart, dans son *Histoire de Notre-Dame de la Treille*; l'abbé Turbelin, notaire apostolique, dans son *Histoire de l'origine de la Confrérie*; tous ces graves auteurs qui relatent ces miracles, avec les noms des personnes et des témoins, ne peuvent être accusés ni d'avoir voulu tromper ni d'avoir été trompés [1]. Les miracles qu'ils racontent sont publics, et la ville entière en a été témoin : c'est la résurrection d'un mort, du fils de Jeanne de la Forest, mort en naissant et rendu à la vie sur l'autel de Notre-Dame de la Treille; on le baptise, il pousse un soupir et se rendort dans les bras de la mort pour revivre au ciel; c'est la guérison subite d'un autre enfant agonisant, du fils d'Elie de Planques. Sa pauvre mère désolée était venue du chevet de ce cher fils à l'autel de Marie; et là elle priait avec ces larmes que les mères seules peuvent verser. Au même instant, son fils, subitement guéri, se lève et vient se joindre à elle, pour remercier Notre-Dame de sa miraculeuse guérison. C'est un chanoine de Saint-Pierre, Hugues de la Cambre, qui, délaissé de

---

[1] Biographie universelle, article *Vincart*.

tous comme atteint de la peste qu'on craignait de gagner en l'approchant, se traîne faible et chancelant à la chapelle de Notre-Dame, y prie avec ferveur; et soudain tous les symptômes du fléau disparaissent, ses yeux éteints reprennent l'animation et la vie, et la santé refleurit sur son front, qui semblait déjà marqué du sceau de la mort. C'est, par un prodige plus grand encore, Lille conservant toujours sa foi intacte, quoique battue de tous côtés par les flots de l'hérésie, qui, en huit jours, avait détruit en Brabant quatre cents églises ou couvents, n'avait laissé dans Gand que deux chapelles catholiques, et avait fait de Tournai la Genève des Pays-Bas. « Comment l'hérésie aurait-elle pu nous enta- » mer, disent les anciens historiens, environnés, » comme nous sommes, de puissantes cita- » delles? » Et ces chapelles qu'ils énumèrent ne sont autres que les chapelles de la Vierge, si nombreuses au dedans et au dehors de la ville.

A ces témoignages se joint un grand fait public, c'est la procession annuelle instituée, en l'an 1254, pour perpétuer le souvenir des miracles qui commencèrent, en cette même année,

à illustrer Notre-Dame de la Treille. Cette procession eut lieu, pendant les premières années,
dans l'enceinte de l'église collégiale ; mais au
mois de février 1269, la comtesse Marguerite
institua, par lettres patentes, la procession autour de la ville : « Nous, Marguerite, comtesse
» de Flandres et de Hainaut, est-il dit dans ces
» lettres, octroyons une pourchiesson à faire
» autour de la ville de Lille, chacun an dura-
» blement, par tel jour que notre Dieu, en
» l'honneur de sa très-chère Mère, a commenché
» nouvellement à faire si glorieux miracles, de-
» vant l'image qu'on appèle à la Treille, en
» l'église Saint-Pierre. » La première procession
eut lieu, avec grand éclat, le 2 juin 1269 ; « et
» à cet effet, dit un historien du temps, furent
» faits, aux détours des chemins et sur aucunes
» rivières, des ponts pour la commodité des
» assistants ; et le samedi devant, afin de ne
» donner crainte à quelqu'un de marcher sur
» les ponts, les députés et messieurs du chapitre
» et des magistrats, avec les maîtres charpen-
» tiers et maçons, allèrent visiter les ponts, s'ils
» étoient suffisants pour soutenir dans ce pas-

» sage grand nombre de confrères et autres
» assistants. On vit, à cette procession, beaucoup
» de bourgeois avec flambeaux en mains et un
» nombre presque innombrable de personnes
» pieds nus, tête découverte et le chapeau bas,
» les larmes aux yeux, les soupirs en la bouche,
» priant et remerciant cette bonne Notre-Dame
» de la Treille. »

Voici quel fut l'ordre du cortége : En tête mar-
chaient les échevins ; après eux, les corps de
métiers avec étendards et emblèmes, les mem-
bres de chaque groupe tenant un cierge à la
main ; les archers et les arbalétriers, revêtus de
leurs brillantes armures, et portant des guidons
qui flottaient joyeusement dans les airs ; diverses
députations des villes environnantes, chacune
précédée de sa bannière ; les ordres religieux de
Saint-Dominique et de Saint-François ; les com-
pagnies bourgeoises en armes et habits de
parade, suivies de trompettes et de tambours ;
le clergé de la ville paré de ses plus splendides
ornements ; un groupe de personnes avec torches
à la main ; les chanoines de Saint-Pierre, entou-
rant la châsse qui contenait les reliques de la

sainte Vierge, et que surmontait un riche dais, porté par les premiers magistrats de la ville ; enfin, le châtelain avec quarante magistrats en robes magnifiques. Le cortége était fermé par le bailli et ses gens à cheval, « formant com- » pagnie de chevau-légers pour la défense de la » Reine de gloire ; » et un peuple immense rem- plissait les rues. Cette procession dura d'abord de onze heures à trois ; plus tard elle dura un demi-jour. Les confrères et les pèlerins faisaient ce long trajet à jeun, pieds nus, dans un costume des plus modestes, pour honorer l'humilité de la sainte Vierge ; et, pendant neuf jours, la même cérémonie se renouvelait.

Chaque année suivante vit s'augmenter la splendeur de cette procession ; et le luxe, crois- sant avec les âges, ajouta de nouveaux orne- ments à la solennité précédente. La procession de 1749 fut remarquable entre toutes les autres : on y admira surtout une troupe d'anges qui ouvrait la marche, portant sur des banderolles ces mots : Qui est comme Dieu ? *Quis ut Deus ?* des soldats et des prêtres en costume hébreu, portant les uns le sceptre, l'épée, la couronne de Salomon, figure de Jésus-Christ; les autres les dépouilles de Goliath et le livre de la loi; le prophète Nathan, avec un char représentant le sacre de Salomon, entouré des Vertus et des Dons du Saint-Esprit.

Aussi venait-on à ces fêtes de toutes les parties de la Flandre; et l'immense basilique de Saint-Pierre suffisait à peine à contenir le flot incessant du peuple qui venait vénérer l'image miraculeuse. On priait jusqu'à une heure très-avancée de la nuit; et, dès l'aurore, de nouveaux pèlerins assiégeaient les portes de Saint-Pierre. Ils épanchaient, pendant de longues heures, leur âme devant Notre-Dame, et, quand la procession se mettait en marche, ils la suivaient, portant la plupart de petits drapeaux ornés de l'image ou du chiffre de Marie.

L'amour pour Notre-Dame de la Treille inspira aux Lillois, dès l'an 1237, la pensée d'ériger une confrérie en son honneur, sous le nom de la Charité de Notre-Dame. On distribuait aux associés des psautiers, des heures et autres livres de prières, si précieux à une époque où, l'imprimerie n'étant pas encore inventée, on ne pouvait avoir ces choses qu'en manuscrit. On s'aimait plus chrétiennement comme enfants de la même mère ; et chaque maison semblait un temple dédié à Marie, dont le père de famille était le pontife : c'était déjà un beau commencement pour la confrérie ; mais il lui manquait la sanction du Saint-Siège, sans laquelle les enfants de l'Eglise ne peuvent rien constituer de durable ni de régulier. Cette sanction ne tarda pas à arriver. En 1254, année si fameuse dans les annales de Notre-Dame de la Treille, arrivèrent les lettres du pape Alexandre IV, qui érigeait canoniquement la confrérie. Alors on ouvrit un registre ; et la comtesse Marguerite et son fils Guy de Dampierre s'y firent inscrire les premiers. Après eux, s'inscrivirent les chanoines de Saint-Pierre, toutes les grandes familles de la contrée, tout le peuple, qui voyait dans ce registre comme un nouveau livre de vie. Les parents y faisaient inscrire les nouveau-nés, les fiancés y renouvelaient leur enrôlement pour consacrer à Marie le nouveau ménage, et, au moment de la mort, tous recouraient à elle comme à une patronne et à une mère.

De la Flandre, la renommée de la confrérie
se répandit bientôt par toute l'Europe. Des extré-
mités de la France, de l'Italie et de l'Allemagne,
on demandait à être inscrit dans le registre des
associés. Les Montmorency, les Croï, les de
Lannoy, les d'Humières, les princes de la famille
impériale d'Autriche, les universités les plus
célèbres, foyers de science et de lumière, les
villes entières, représentées par leurs magistrats,
les évêques et les papes, Charles-Quint et Philippe II, demandèrent que leurs noms figurassent
dans ces saintes annales, confondus avec les
noms les plus obscurs, avec toutes les professions
et tous les âges.

Parmi ces noms, il en est deux qui brillent
d'un éclat tout particulier : le premier, c'est
saint Louis, roi de France, qui, en 1255, fit
à Notre-Dame de la Treille un pèlerinage dont
les annales de l'époque ont gardé fidèlement le
souvenir; le second, c'est Philippe le Bon, duc
de Bourgogne et comte de Flandre. Ce prince,
aussi sage au conseil que brave au combat, d'une
piété aussi douce que ferme, affectionnait spécialement Notre-Dame de la Treille. Il contribua,

avec une générosité princière, à l'achèvement de
la collégiale de Saint-Pierre, et surtout de la
chapelle qui devait recevoir l'image miraculeuse.
En arrière du maître-autel, il fit placer la châsse
contenant les reliques de la sainte Vierge dans un
lieu élevé, d'où tous les regards pouvaient l'aper-
cevoir. Dans la chapelle qui occupait le croisillon
gauche, il éleva deux autels : l'un, entouré
d'obélisques de pierres blanches, était un autel
de Notre-Dame, au-dessus duquel on voyait la
sainte image se détachant gracieusement sur un
fond d'azur semé d'étoiles d'or ; l'autre était un
autel de sainte Anne, qu'il avait placé là, pour
associer la mère aux hommages que recevait sa
Fille bénie.

Philippe ne s'en tint pas là : il fit couvrir de
boiseries sculptées les murs de la chapelle ; et
sur la table d'autel de bois doré, il fit représenter les mystères de la sainte Vierge. Lorsqu'il
créa l'ordre de la Toison d'or, cet ordre célèbre
qui ne comptait que trente et un chevaliers,
mais tous sans reproche et des plus illustres,
tous engagés par serment à ne jamais sortir du
champ de bataille que vainqueurs, ou morts,

* * *

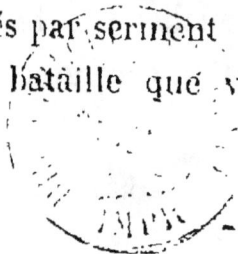

ou prisonniers, il le plaça sous le patronage de
Notre-Dame de la Treille ; il voulut même en
tenir le premier chapitre à sa chapelle ; après
le service divin, pompeusement célébré, le souverain et les chevaliers se rendirent aux stalles
des chanoines ; et là ils entendirent de la bouche
du greffier la lecture des statuts de l'ordre, de
ces statuts, le plus beau code d'honneur et de
vertus chevaleresques, qui prescrivaient à tous
la fidélité envers la sainte Église, l'intégrité de
la foi catholique, la loyauté envers le souverain,
l'amitié entre les chevaliers et l'honneur dans
les armes. Le prince fit lire ensuite, par son
héraut d'armes, un écrit où il disait qu'il se
vouait à Dieu et à la très-sainte Vierge, et qu'il
engageait tous les chevaliers à faire de même.
Ceux-ci répondirent de grand cœur à cette invi-
tation : un d'eux, le seigneur de Pons, fit
même le vœu singulier de ne séjourner en
aucune ville jusqu'à ce qu'il eût trouvé un
Sarrasin qu'il pût combattre corps à corps
avec l'aide de Notre-Dame, pour l'amour de
laquelle jamais il ne coucherait, le samedi,
dans un lit, avant l'entier accomplissement de

son vœu [1] ; et, avant de se séparer, tous suspendirent autour de l'autel les écussons de leurs armes, comme un hommage perpétuel de leurs sentiments envers la sainte Vierge. Ainsi se termina le premier chapitre de la Toison d'or, de cet ordre illustre qui, dans le cours de deux siècles, devait compter dans ses rangs cent quatre têtes couronnées.

Pour perpétuer le souvenir de sa consécration, le prince fonda deux messes par jour à l'autel de Notre-Dame de la Treille, et de plus, chaque samedi, une messe chantée par un chanoine de Saint-Pierre. Il obtint ensuite d'Eugène IV de nouvelles indulgences pour tous ceux qui viendraient prier devant la sainte image ; et, en 1450, il fit placer à côté de l'autel la statue de Notre-Dame des Douleurs ; les chanoines de Saint-Pierre furent autorisés à en faire l'office, lequel dans la suite s'étendit à toute l'Eglise. Plus tard, on y érigea les sept stations douloureuses de la sainte Vierge, avec l'agrément de l'évêque de Tournai, qui y attacha des indulgences.

[1] *Rosier de Marie*, 30 janvier 1858.

Entourée de tous ces témoignages d'honneur,
Notre-Dame de la Treille faisait éclater de plus
en plus sa puissance ; et les miracles se multi-
pliaient, spécialement de 1519 à 1527 et de
1634 à 1638. A la vue de ces prodiges toujours
renaissants, la piété des Lillois sembla prendre
un nouvel élan ; toute la ville ne respirait que
le dévouement à Marie ; partout brillait son
image : on la voyait aux coins des rues, où la
femme pauvre, épargnant sur son salaire, dé-
posait un cierge ou un bouquet de fleurs ; on
la voyait au-dessus des portes de la cité, où
où elle semblait veiller à la garde des citoyens ;
on la voyait à l'hôtel de ville, où était une
chapelle en son honneur. Les uns portaient des
médailles à son effigie ; les autres des anneaux
où elle était représentée. Au milieu de ce zèle
universel pour l'honneur de Marie, une pieuse
dame conçut le dessein de décorer plus splen-
didement l'autel de la Vierge vénérée. Dans
cette vue, elle obtint du chapitre de Saint-Pierre
qu'on déplaçât pour un temps la sainte image ;
mais, le travail fini, le chapitre crut, avant de
la replacer dans son trône, devoir lui décerner

un triomphe magnifique, par une procession générale et la consécration solennelle de toute la ville à sa patronne bien-aimée. Cette idée ravit tous les cœurs, et, le 28 octobre 1634, eut lieu cette touchante cérémonie. Ce fut un beau jour que celui-là. Dès le matin, le canon tonnait sur les remparts, les cloches sonnaient à toute volée, la ville avait revêtu ses habits de fête ; partout des tentures élégantes, partout des fleurs, partout la joie la plus pure. A neuf heures, les échevins sortent de l'hôtel de ville, en robe rouge, précédés du héraut tenant un labarum, dont un côté portait ces mots : *Le magistrat et le peuple consacrent Lille à Notre-Dame de la Treille ;* et l'autre offrait la douce image de Marie, fixant ses regards bienveillants sur la ville de Lille figurée au bas du labarum, avec ces mots sous l'effigie de la cité : *Dicet habitator insulæ hujus : Hæc est spes nostra : —* *L'habitant de cette île dira : Voilà notre espérance.*

On se rend ainsi à l'église Saint-Pierre, magnifiquement décorée de draperies entrelacées de fraîches guirlandes de verdure ; au fond, l'autel apparaissait entouré d'une auréole de cierges, et des flots d'encens enveloppaient la statue de nuages mobiles.

Au milieu de ces splendeurs, qui faisaient penser à celles du ciel, on commence la messe solennelle. A l'offertoire, les chants se taisent, il se fait un silence sublime. Alors s'avance le chef des échevins, tenant d'une main le labarum, de l'autre les clefs de la ville ; il les remet à l'officiant, qui les pose sur l'autel ; puis, devant tout ce peuple prosterné, il prononce la formule de consécration de la ville à Notre-Dame de la Treille. Le soir, une illumination générale reproduisit la scène du matin ; de toutes parts on voyait sur les transparents ces mots chers à tous les cœurs : *Insula, civitas Virginis :* — *Lille, cité de Marie.*

L'année suivante, l'évêque de Tournai vint à Lille se consacrer lui-même avec tout son diocèse à Notre-Dame de la Treille ; Ferdinand II, empereur d'Autriche, lui consacra son diadème et se fit inscrire dans la confrérie. En 1659, la ville de Tournai tout entière vint en procession se consacrer à une patronne si bonne, et renouvela cet acte, tous les ans, jusqu'en 1792. Plusieurs fois, il s'y est trouvé près de cinq mille pèlerins.

En 1667, lorsque la ville, assiégée par Louis XIV, fut réduite à capituler, elle exigea que le roi jurât, devant Notre-Dame de la Treille, de maintenir dans ses murs la foi catholique, de n'y engager ni gouverneur, ni officiers, ni soldats protestants, de respecter ses franchises et de lui laisser son administration. Louis XIV le jura la main sur l'Evangile. Et lorsque, quarante ans plus tard, en 1708, la ville fut assiégée par le prince Eugène, à la tête d'une armée presque toute protestante, elle promit, si elle était préservée du pillage, de faire une procession spéciale pour en remercier Notre-Dame de la Treille. Après cette promesse, on expose la statue miraculeuse au milieu de l'église Saint-Pierre, que criblaient les boulets; et, chose merveilleuse! au bout de trois mois de siége, obligée de capituler encore, elle obtint du moins les conditions les plus honorables avec une liberté complète pour le culte catholique. Telle fut même l'incroyable bienveillance des ennemis, la plupart protestants ardents, que le soir même de leur entrée triomphale, le peuple poussa la

confiance jusqu'à chanter publiquement les litanies de la Vierge devant ses images qui ornaient
les maisons : les autres soirs il se rassembla
dans les rues pour le même objet ; et, le 2 juin
on fit la procession générale, comme s'il n'y
eût pas d'armée ennemie dans la ville [1]. Quel-
ques protestants essayèrent bien de pervertir la
foi des habitants ; mais, loin d'y réussir, plusieurs furent gagnés à la vraie croyance et se
firent catholiques.

Une protection si visible de Marie lui attacha
de plus en plus tous les cœurs; et, lorsqu'arriva, en 1754, l'anniversaire cinq fois séculaire
des premiers miracles de 1254, on y déploya
une magnificence plus grande que jamais. Le
programme de la fête portait le titre de *Triomphe
de la sainte Vierge*, et il justifia pleinement son
titre. La Renommée ouvrait la marche, portant
sur la banderolle de sa trompette ces mots :
Audite, insulæ, et attendite, populi de longè ;
des anges l'entouraient, le nom de Marie sur
leur oriflamme. Venaient ensuite quatre chars : le
premier portait les six sibylles qui avaient an-

[1] *Histoire de Lille*, par Victor Derode, t. II, p. 226.

noncé en termes prophétiques les principales
gloires de la Mère du Verbe incarné; dans le
second était Moïse, représenté sur le mont Oreb;
dans le troisième, les effigies des monarques qui
étaient venus à diverses époques rendre hommage à Notre-Dame; dans le quatrième, les
papes, les cardinaux et évêques protecteurs de
la Confrérie. Suivaient des groupes d'anges portant le livre de la Confrérie de Notre-Dame
avec les armes et les noms des villes ou des
provinces consacrées à la Vierge de Lille. Les
pèlerins de Tournai étaient représentés sur un
char élégant; un autre char tout couvert de
lis offrait le double emblème de la monarchie
française et de la Vierge sans tache; venaient
ensuite les figures historiques de Marguerite de
Flandre, de Guy de Dampierre, de Philippe le
Bon et des principaux chevaliers de la Toison
d'or, tous revêtus de costumes aussi riches
qu'exacts, tous environnés d'anges, et suivis
des magistrats de la cité, des bannières de la
ville et du chapitre, et du labarum offert en
1654. On voyait ensuite des anges portant
des touffes de roses et de lis devant le char,

où était la sainte image, entourée d'une treille.
 Cette procession, qui se renouvela, pendant
neuf jours, au milieu d'une foule immense,
fut le dernier éclat jeté par ce culte célèbre.
Survinrent les jours néfastes de la révolution ;
et l'antique collégiale de Saint-Pierre fut, en
91, d'abord fermée comme bâtiment inutile,
puis livrée au public comme magasin ; en 92,
cédée aux commissaires des guerres comme parc
de moutons ; en 93, vendue à d'avides spécu-
lateurs, et bientôt démolie. Parmi les décombres
qui jonchaient le sol, fut jetée la statue miraculeuse ; mais heureusement un généreux chrétien, Alain Gambier, l'ayant reconnue, l'acheta
à prix d'argent du gardien des ruines, et l'em-
porta chez lui comme un trésor. Au réta-
blissement du culte catholique, il la donna
à l'église Sainte-Catherine, que la révolution avait laissée debout comme un édifice
sans importance. Dans ce nouveau sanctuaire,
Notre-Dame fut longtemps sans honneur, tantôt
au bas de l'église dans la chapelle des Tré-
passés, tantôt derrière le maître-autel ; tant
la génération nouvelle avait rompu le fil des

antiques traditions et des pieux sentiments!
Mais, en 1842, le curé de Sainte-Catherine ayant
consacré tout le mois de Marie à Notre-Dame de
la Treille, la piété endormie sembla se réveiller.
Peu après, les exercices d'un jubilé accordé par
Grégoire XVI ayant été placés sous les auspices
de Notre-Dame de la Treille, le succès fut com-
plet : le nom de Notre-Dame de la Treille, si
longtemps oublié, revint sur toutes les lèvres ;
et son culte, si longtemps délaissé, reprit sa
place dans tous les cœurs. La statue miraculeuse
fut transportée à l'autel de la sainte Vierge ; des
médailles de Notre-Dame de la Treille furent
frappées ; et tous voulurent en avoir. A l'imita-
tion de ce qui se pratique à Notre-Dame des
Victoires de Paris, on établit un salut particulier
sous le nom de salut de Notre-Dame de la Treille ;
l'antique confrérie fut relevée par un rescrit de
Grégoire XVI ; près du sanctuaire de Marie, se
forma une congrégation de religieuses dites de
Notre-Dame, dans le but de favoriser le déve-
loppement de son culte, de fournir des voix
pour chanter ses louanges, et de se dévouer au
soin des pauvres malades, à l'instruction des

enfants pauvres , aux diverses œuvres de charité :
car le culte de Marie bien compris incline à tous
les dévouements. Enfin, la fête et la procession
de Notre-Dame de la Treille recommencèrent le
9 juin 1844 , dans l'enceinte de l'église. Des
conversions inespérées , des guérisóns inatten-
dues , des consolations soudaines apportées à des
maux qui semblaient sans remède , rappelant
à tous le pouvoir de Notre-Dame de la Treille ,
accrurent d'année en année l'antique dévotion
pour la sainte image. — Enfin, en 1853, le
dévouement en vint à ce point, qu'on ne put
plus souffrir qu'une image si vénérée n'eût qu'un
sanctuaire emprunté. Tous, d'une commune voix,
déclarèrent qu'ils voulaient remplacer l'antique
église renversée dans des jours de vertige, et
élever à la patronne de Lille une église monu-
mentale. Tous, passant aussitôt de l'enthousiasme
à l'action, s'engagèrent, par souscriptions vo-
lontaires, à y contribuer selon leur pouvoir.

Telle était la disposition générale des esprits,
lorsque arriva 1854, anniversaire six fois séculaire de Notre-Dame de la Treille. — Pour relever
le plus possible l'éclat de cette fête traditionnelle,

l'archevêque de Cambrai, après avoir obtenu
du Saint-Siége la faveur d'un jubilé attaché à
l'église Sainte-Catherine, réunit, pour en prê-
cher les exercices, les premiers prédicateurs de
l'époque, et convoqua, pour les grandes céré-
monies qui devaient avoir lieu, le plus qu'il put
de cardinaux, d'archevêques et d'évêques. Toute
la ville, de son côté, se mit en travail pour
décorer les temples, les rues et les places. Les
guirlandes de toute espèce, les draps d'or et
d'argent, la soie, les peintures, les sculptures,
les banderolles, les lustres, les riches costumes,
tout fut mis en œuvre, sans parler de ce qu'y
ajoutèrent d'attendrissement les chants, les prédications, les prières et les communions.

Les premiers jours, les paroisses voisines se
rendirent processionnellement à l'église jubiliaire,
traversant la ville dans l'attitude du recueille-
ment, et édifiant par leurs chants et leurs
prières la population dont les flots se pressaient
sur leurs pas. Puis vinrent les diverses paroisses
de la ville, toutes préparées et ravivées dans
l'esprit chrétien par d'éloquentes prédications.
Au milieu de ce merveilleux concours, eut lieu

une cérémonie qui remplit tous les cœurs d'allégresse : la pose de la première pierre de la grande basilique qu'on se proposait d'élever sous le double vocable de Notre-Dame de la Treille et de Saint-Pierre, et, pour mener l'œuvre à bonne fin, l'institution de deux commissions, l'une d'hommes, l'autre de dames, chargées de recueillir les fonds pour cette grandiose entreprise. Enfin, le dimanche 2 juillet, se célébra la grande fête : les décorations les plus splendides brillaient à toutes les façades, à toutes les fenêtres ; les murs disparaissaient sous les draperies et les fleurs, et les dômes s'élevaient au milieu des rues. Jusqu'alors le ciel avait été obscur, la pluie menaçante ; mais, au moment précis où l'image de Notre-Dame se met en marche pour la procession, un soleil radieux perce les nuages, et le cortége sort du temple; en tête marchent les six paroisses de la ville ; viennent ensuite les hospices, les corps de métiers, les associations de charité, les corps religieux. Après cette longue file, apparaissent les reliques des principaux patrons du pays ; les députations historiques de Tournai, Douai,

Cambrai, Aire, portant chacune son *ex-voto* traditionnel : Tournai, un gros cierge ; Douai, les armes de la ville, ciselées sur argent, avec l'inscription : *Douai à Notre-Dame de la Treille ;* Cambrai, l'image de Notre-Dame de Grâce, ciselée en argent, avec l'inscription : *Cambrai, ville de la Vierge, à Notre-Dame de la Treille ;* enfin, Notre-Dame de la Treille entourée d'une garde d'honneur, s'avançant dans une châsse octogone d'or, haute de sept mètres, et en style gothique fleuri, portée sur un brancard par douze ecclésiastiques en dalmatiques d'or, accompagnée des prêtres en habits sacerdotaux, des chanoines en habits de chœur, suivie des archevêques et évêques vêtus de chapes d'or, avec la mitre et la crosse, et du cardinal de Reims officiant. Dire tout ce qu'il y avait de gracieux et de magnifique dans cet immense cortége de plusieurs milliers de personnes, dont le défilé, exécuté dans l'ordre le plus parfait, dura plus d'une heure et demie ; dire le coup d'œil qu'offrait, sur la grande place, une population serrée qu'on estime à plus de quatre-vingt mille personnes ; dire toutes les émotions que produisirent tant de scènes saisissantes, répétées dans le cours de cette belle procession, serait chose impossible. L'ambassadeur d'Espagne à Bruxelles, délégué par sa souveraine pour la représenter dans cette cérémonie, disait : « J'ai habité Rome vingt ans, je n'y ai rien vu qui égale ce dont je viens d'être témoin. — J'ai été au sacre de Charles X, disait un colonel de hussards, je préfère ce que j'ai vu aujourd'hui. »

Plus empressée que jamais, après cette belle fête, d'élever à Marie une superbe basilique, la ville de Lille ouvrit un concours à tous les architectes d'Europe, avec un prix de dix mille francs pour qui offrirait le meilleur dessin de la nouvelle église. Ce concours fut un des plus fameux qui se soient jamais vus ; les dessins arrivèrent si nombreux, que, juxtaposés les uns aux autres, ils occupaient six cents mètres carrés. On les étudia avec soin, et un puséiste de Londres obtint le premier prix. Il obtint encore un meilleur prix devant Dieu : car, cette même année, il eut le bonheur de voir la vérité de la religion catholique et le courage de l'embrasser. On se mit sans retard au travail ; et aujourd'hui la crypte, qui doit embrasser toute l'étendue de l'édifice, est achevée sous les chapelles absidales ; la grande chapelle supérieure, destinée à recevoir l'image miraculeuse, est très-avancée et présente déjà les proportions et les décors d'architecture d'une des plus belles chapelles connues. L'église doit avoir cent trente mètres de long et cinquante de haut sous voûte ; elle est dans les conditions d'une des églises les plus parfaites qu'on ait vues jusqu'à ce jour ; et ce qu'on en a déjà exécuté fait l'admiration de tous les artistes.

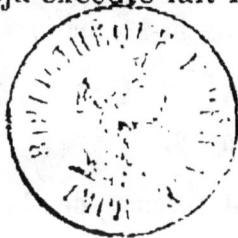

A la même librairie :

HISTOIRE COMPLÈTE DES FÊTES qui ont eu lieu à Lille en 1854, à l'occasion du 6ᵉ jubilé séculaire de Notre-Dame de la Treille, par M. l'abbé Capelle ; ornée de 12 lithographies à deux teintes, d'un titre en couleur rehaussé d'or, et d'un *fac simile* reproduisant le discours de Mgr Dufêtre sur la grande place de Lille. grand in-8º.   7   »

HISTOIRE DE NOTRE-DAME DE LA TREILLE, auguste et miraculeuse patronne de Lille. 1 v. in-12. fig. 1   50

MOIS DE MARIE DE NOTRE-DAME DE LILLE, dite Notre-Dame de la Treille. 1 vol. in-18.   »   30

PÈLERINAGE de neuf jours à Notre-Dame de Lille. 1 vol. in-18.   »   75

— édition encadrée. in-18.   1   25

CANTIQUES à l'usage du chœur des cantiques de Notre-Dame de Lille. 1 vol. in-18.   1   »

NEUVAINE à Notre-Dame de la Treille. in-32.   »   15

LITANIES DE N.-D. DE LA TREILLE. *le cent.* 1   50

LES SANCTUAIRES DE LA MÈRE DE DIEU dans les arrondissements de Douai, Lille, Hazebrouck et Dunkerque. A. M. D. G. 1 vol. in-12.   1   50

NOTRE-DAME DE LIESSE, par J. Chantrel. 1 vol.
in-12. vig.   » 75

NOTRE-DAME DES ROSES. 4ᵉ éd. 1 v. in-12. vig. » 50

NOTRE-DAME DES VOYAGES. 1 vol. in-18. fig. » 30

LA CHAPELLE D'ENSIEDLEN. 1 vol. in-18. fig. » 60

PÈLERINAGE À LA SALETTE, par Maxime de Montrond.
1 vol. in-18. vig.   » 30

—- Lille Typ L. Lefort. 1861. .-

www.ingramcontent.com/pod-product-compliance
Lightning Source LLC
Chambersburg PA
CBHW060807280326
41934CB00010B/2586